서울중독

용진

청춘문고

서울중독

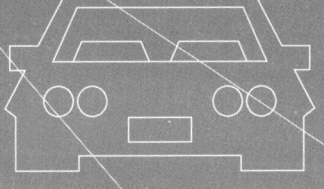

들어가며 8

1. 어떻게 서울에 오게 되었나? 10
   - 상봉동에서 덕포리까지 10
   - 덕포리에서 개운동까지 13
   - 개운동에서 서울로 18

2. 서울 어디에서 사나? 21
   - 상계동 지상층 원룸에서 21
   - 상계동 고시텔에서 24
   - 상계동 기숙사에서 28
   - 신내동 하숙집에서 31
   - 당고개 옥탑방에서 32
   - 수유동 반지하 원룸에서 35

3. 서울에서 어디를 제일 좋아하나? 39
   - 종로, 고궁에서 40
   - 종로, 부암동에서 42

- 용산, 해방촌에서　　　　　　　　　　　　　44
- 광진, 뚝섬에서　　　　　　　　　　　　　47

4. 서울에서 어떤 일이 있었나?　　　　　　　　51
- 상계동에서　　　　　　　　　　　　　　51
- 수유동에서　　　　　　　　　　　　　　61

5. 그럼에도 서울에 사는 이유는?　　　　　　　75
- 하나만 빼고 다 있는 서울　　　　　　　　76
- 다시는 돌아오지 못할 거라는 불안함　　　77
- 결국엔 사람　　　　　　　　　　　　　　79
- 당신에게 서울은 어떤 곳인가　　　　　　81

나오며　　　　　　　　　　　　　　　　　　85
Epilogue　　　　　　　　　　　　　　　　　88
작가소개　　　　　　　　　　　　　　　　　91

중독
1. 생체가 음식물이나 약물의 독성에 의하여 기능 장애를 일으키는 일.
2. 술이나 마약 따위를 지나치게 복용한 결과, 그것 없이는 견디지 못하는 병적 상태.
3. 어떤 사상이나 사물에 젖어 버려 정상적으로 사물을 판단할 수 없는 상태.

들어가며

　서울을 향한 꿈은 오래전 시작되었다. 어디를 둘러보아도 산뿐인 강원도 산골에서 자란 나는 달리는 차 안에서 엄마에게 이렇게 말했다. "엄마, 난 산이 너무 싫어. 우리 왜 서울에서 이사 온 거야? 산들이 나를 다 막고 있는 것 같아." 이후 엄마의 대답은 뭐였는지, 표정은 어땠는지 기억나지 않는다. 갓 초등학생이 된 꼬마 시절 내 입에서 나온 이 한 줄만이 또렷이 기억될 뿐이다.

　비운의 어린 왕 단종이 유배 오지 않았다면 과연 유명해졌을까 싶은 영월로 시작해 이제는 조금 유잼도시가 된 듯한 성심당의 도시 대전보다 노잼인 원주를 끝으로 나의 강원도 살이는 끝이 났다. 완전한 정지인지, 잠깐의 정지인지는 모르나 스무 살이 되던 해 상경한 나는 서른 살이 된 지금까지 서울에 살고 있다.

나를 뼁 둘러싸던 산을 피해 왔지만, 콘크리트 빌딩이 여전히 뼁 감싸고 있다. 언제 오나 하염없이 기다리던 버스를 더는 기다리지 않아도 되고, 금세 끊겨버리는 막차에 가슴 졸이지 않아도 되지만, 막차 시간까지 회사에서 일하고 그도 모자라 N버스를 타고 집에 돌아가는 삶을 살았다.

중심에 오면 중심이 될 줄 알았다. 어제를 돌아보고 오늘을 살아보니 그게 아닌 것 같기도 하다. 중심에 오니 중심이 흔들린다. 과연 서울은 중심이 맞을까. 꼭 중심에 있어야 할까. 물음이 꼬리에 꼬리를 문다. 물음에는 답이 따라오기 마련인데 물음만이 이어진다. 답도 없는 오늘을 서울에서 보내고 있다. 답이 보이지 않는 내일을 서울에서 바라보고 있다. 그럼에도 나는 왜. 도대체 왜 서울을 벗어나지 못하나.

나는 서울에 중독되었다.

1. 어떻게 서울에 오게 되었나?
- 상봉동에서 덕포리까지

 어떻게 서울에 오게 되었는지를 말하기에 앞서, 나와 서울의 인연부터 이야기하려 한다. 사실 나는 서울 태생이다. 서울특별시 중랑구 상봉동에 있는 개인 산부인과에서 태어났다. 이름은 정은숙 산부인과. (찾아보니 산부인과는 면목동에 있다. 지금껏 상봉동이라 알고 있었는데) 물론 기억하진 못한다. 상봉동에 관한 이야기는 대부분 할머니께 들은 이야기다. 할머니 눈에는 내가 아직 상봉동에서 갓 태어난 아기로 보이는지, 볼 때마다 상봉동 집 이야기를 하신다. 어찌나 생생히 이야기하시는지 기억하지 못하는 나도 기억날 것만 같다.

 이야기의 흐름은 항상 같다. 고추를 덜렁덜렁 내놓고 마당을 걸어 다녔다는 이야기. 이웃 가게로 찾아가 작은 빗자루와 쓰레받기를 훔쳐 왔다는 이야기. (할머니는 주인에게 돌려드렸지만, 선물로 주셨다고 한다.

그 빗자루와 쓰레받기는 아직도 할머니 집에 있다) 이런 이야기들은 할머니의 반달 웃음과 함께 나에게 전해진다. 덕분에 나는 상봉동 태생이라는 걸 꽤 생생히 알고 있다.

 상봉동 집은 우리 집이 아니다. 정확히는 나와 엄마, 아빠, 형이 사는 집이 아니다. 할머니 댁이 위치한 곳이 상봉동이었다. 출산을 위해 엄마는 할머니 댁에 잠시 머물렀다. 나를 낳은 후 몇 해 뒤, 부모님은 강원도로 발령이 났고, 우리 네 식구는 첩첩산중 강원도 영월에 터를 잡게 된다. 사실 나는 이때까지도 기억이 잘 나지 않는다. 영월읍 영흥리에 있는 삼호아파트 꼭대기 층에서 시작된 영월 살이는 덕포리 금용아파트로 끝나게 된다. 내 기억은 금용아파트부터 시작된다. 가장 선명한 기억은 2002년 월드컵 때다. 어느 나라와의 경기였는지는 모르지만, 우리나라가 골을 넣은 순간 아파트가 무너지는 줄 알았다. 그때 나는 아파트 앞 상가 슈퍼에 엄마 심부름을 가던 길이라, 골 넣는 장면을 보진 못했다. 눈으로 보진 못해도 귀로, 떨리는 진동으로 충분히 신나 했었던 기억이 선명하다.

    이 밖에도 놀이터에서 놀다가 동네 형이 쏜 비비탄 총알이 귀에 들어가 엉엉 운 기억. 시소에서 놀다가 벌에 쏘여 엉엉 운 기억. 아무 이유 없이 길을 걷다 쌍코피가 줄줄 흘러 죽는 줄 알고 엉엉 운 기억. 덕포리 금용아파트에는 그 나이대에 느낄 수 있는 희로애락이 가득하다. 유치원을 졸업하고 초등학교 2학년까지 지냈던 영월에서의 어린 시절은 지금도 생생하다. 아마 내 인생에서 가장 순수하고 깨끗했던 때가 그때이지 않나 싶다. 덕포시장 초입에 있던 샛별 식당 짜장면 한 그릇이면 세상을 다 가진 듯 행복해하던 어리고 여린 그 시절의 나는 여전히 샛별처럼 반짝인다.

- 덕포리에서 개운동까지

　영월에서 초등학교 2학년까지 마치고 난 후, 우리 가족은 옆 동네 원주로 이사하게 된다. 그 시절 원주는 나에게 이마트였다. 동네 마트를 제외하곤 대형 마트가 없는 영월에 살던 나는 이마트가 있는 원주에 가는 날을 손꼽아 기다렸다. 엄마가 간단히 장을 보러 영월 하나로 마트에 가는 날엔 풀이 죽어 있다가도, 원주 이마트로 가는 날엔 신이나 방방 뛰었다. 이마트에는 지금은 없어진 맥도날드가 있었는데, 평소에 햄버거를 잘 사주지 않던 엄마도 이때만큼은 흔쾌히 맥도날드 햄버거를 사주었다. 그런 내가! 이마트의 고장 원주로 이사를 하게 되다니! 이는 실로 엄청난 사건이었다. 매일 햄버거를 먹을 수 있지 않을까. 시식코너를 몇 바퀴 돌아야 하나 신나게 고민하던 나였다.

　그렇게 우리 가족은 강원도의 서울, WHO 인증 세계 건강 도시 원주에서의 생활을 시작하게 되었다. 첫 시작은 단계동. 주변에는 서원대로라 불리는 큰 도로가 있고 식당, 술집이 즐비한 곳. 시외버스터미널이 있어 서울로 가는 군인들이 항상 북적이는 동네. 그곳에서 초등학교, 중학교를 졸업했다. 영월 친구들과는 사뭇 다른 듯한 세련된 친구들의 모습에 기죽던 나는 금세 원주화되었다. 특히 수업 시간에 원주를 빛낸 위인을 소개하는 시간이면 내 어깨는 하늘 높이 으쓱해졌다. 대부분 위인의 성씨는 '원'씨인 경우가 많았는데, 내 성과 같았고 우리나라에 원씨는 원주 원씨밖에 없으니, 어깨는 높아질 만했다. (실제로 지금도 원주에 원씨 성을 가진 사람들이 정말 많다. 전임 시장, 현 시장 모두 원씨다)

지금은 아니지만, 그때는 무서운 친구들이 많다고 소문이 자자한 중학교를 큰 탈 없이 그것도 꽤 우수한 성적으로 졸업한 나는 강원도 삼 대장 고등학교 중 하나인 원주고등학교에 들어가게 된다. 그리고 이때 단계동에서 학교 근처인 개운동으로 이사를 갔다. 지방에서 학창 시절을 보낸 사람들은 공감할 수 있을 텐데,

도시의 이름을 딴 학교가 소위 공부 잘하는 학생들이 가는 경우가 많았다. 과학고와 외국어고를 제외하곤 원주와 옆 도시 횡성에서 난다 긴다 하는 애들을 모아 놨으니, 내신으로 대학 가기는 글렀다고 생각했다.

이때부터 내 인생의 암흑기는 시작된다. 수십 수백을 들여가며 논술이다, 입학사정관제다, 서울로 대학 갈 수 있는 모든 방법을 동원했다. 아침 일찍 학교에 가 자습을 하고 밤 열 시 넘어서까지 자율적이지 않은 야간 자율 학습을 끝낸 후에도 근처 독서실에 가 졸면서 공부했다. 나만 그렇게 산 건 아니니 크게 억울하진 않지만, 그래도 조금은 벅찼던 시간을 보냈다. 서울로 대학을 가야 성공할 수 있다고 믿었다. 그렇지 않으면 실패라 생각했다. 지금 생각하면 전혀 그렇지 않은데, 그때는 그랬다. 어쩔 수 없었다.

암흑의 터널을 꾸역꾸역 버텨내 마침내 입시 철이 다가왔다. 최대 여섯 개를 지원할 수 있는 수시에 모두 지원했다. 결과는 처참했다. 터널을 지나면 빛이 나올 줄 알았는데 더 어둡고 긴 땅굴로 들어가 버렸다. 열아홉 살이 받아들이기엔 너무 처절한 실패였다. 욕심 부려 여섯 개 모두 서울에 있는 대학으로 원서를 쓴 게 잘못이었을까. 어느 곳 하나 합격이라는 말을 받아보지 못했다. 나의 수시 입시는 처참히 실패했다.

그리고 다가온 수능. 모든 입시는 논술과 입학사정관제에서 요구하는 최저 등급만을 맞추기 위해 준비했기에 내 성적도 딱 그 정도였다. 언어영역과 사회탐구영역은 꽤 괜찮았지만, 수리영역과 외국어영역은. 그렇다.

하필 내가 수능을 본 그해. 우리 학교에서 수능 만점자가 나왔고, 내 박탈감과 피해의식은 극에 달했다. 이 세상 누구보다 예민해질 대로 예민해진 나는 입시에 실패한 건 내 탓임에도 그 탓을 누군가에게 돌리기 급급했다. 물론 안타깝게도 탓은 가장 가까운 가족에게 돌리게 된다. 미안해 엄마.

그래도 아직 정시 지원이 남았다. 포기할 수 없었다. 무조건 서울에 가야 했다. 어느 때보다 빛날 푸른 이십 대를 첩첩산중 강원도에서 맞이할 수 없었다. 모름지기 큰물에서 놀아야 큰 사람이 된다 하지 않았나. 정시는 세 곳의 대학에 지원할 수 있었다. 가군, 나군, 다군. 전공은 상관하지 않았다. 무조건 서울이면 됐다. 가군 탈락. 나군 탈락. 다군 합격. 수시와 정시 총 아홉 개의 원서 중 유일하게 한 장의 합격 원서를 받게 되었다. 전혀 예상하지도, 알지도 못하던 학교였지만, 그래도 됐다. 이제 드디어 나도 강원도를 벗어나 서울에 가게 된 것이다.

드디어. 드디어!

- 개운동에서 서울로

 역시 다르다. 원주에선 한두 개 있는 큰 빌딩이 서울엔 도처에 깔려있었다. 이리 봐도 빌딩. 저리 봐도 빌딩. 산들에 둘러싸여 살던 내게 서울은 뭐든 할 수 있는 곳처럼 보였다. 물론 처음 서울에 온 건 아니었지만, 소풍으로 잠시 들른 것과 터를 잡고 사는 건 천지 차이다. 내가 서울 사람이 되다니. 주민등록증 뒤편에 새로 적힌 서울 주소가 내심 뿌듯했다. 비록 원하던 학교는 아니지만 서울에서 학교를 다니게 되었고, 서울에서 살 수 있다는 것만으로도 성공한 것 같았다.

 남산타워. 경복궁. 한강. 강남. 이름만 듣고 스쳐만 지나가던 곳들을 마음만 먹으면 언제든 갈 수 있다는 사실이 엄청나게 느껴졌다. 아침에 일어나 심심하면 경복궁에 갈 수 있고, 그러다 한강에 가 라면 한 끼 할 수 있는 삶이라니. 어쩌면 돈 없는 이십 대에 누릴 수 있는 최고의 사치란 이런 게 아닐까 싶었다.

학교에서 만난 서울태생 친구들보다 서울을 더 잘 알고 싶었다. 시간이 날 때마다 이곳저곳을 둘러보았다. 평소에 알던 곳도 가보고, 모르던 곳도 가보았다. 아침 일찍 산에 올라가 본다든가. 밤늦게 인사동 가로등 밑에서 하는 버스킹 공연을 본다든가 말이다. 그런 시간이 쌓이니 얼추 서울 사람이 된 듯했다. 자주 가는 곳은 노선도를 보지 않아도 지하철을 척척 탈 수 있게 되었다. 어느 쪽에 서 있어야 문 열리는 쪽으로 쉽게 내릴 수 있는지. 몇 번 칸에 있어야 환승 거리를 줄일 수 있는지도 알게 됐다. 이것이 서울의 맛인가. 짜릿했다.

 하지만 사람이든 도시든 첫인상의 호감이 끝까지 유지되기란 쉬운 게 아니다. 어느 정도 시간이 흐르고 이 일 저 일 겪다 보면 처음 느꼈던 호감과 환상은 옅어지기 마련이다. 서울도 그랬다. 어디를 가도 사람은 많았다. 때론 조금 지나치지 않나 싶을 정도로 많았다. 버스도. 지하철도. 그냥 걸어 다니는 길에서조차도. 사람에 치이는 날들이 잦았다. 지하철역 플랫폼 화면에

열차가 승강장 진입 중이라는 안내 문구를 보면 너나 할 것 없이 뛰어 내려가는 매일이었다. 아침이든 밤이든 때를 가리지 않고 항상 사람이 많은 환승역에선 무동력으로 앞으로 걸을 수 있을 정도이니, 말 다 했다.

뭐든 많은 도시 서울. 없는 게 없는 도시 서울은 그렇게 다가왔다.

이 도시에서 살아남을 수 있을까?

2. 서울 어디에서 사나?
- 상계동 지상층 원룸에서

첫 서울 살이는 노원구 상계동에서 시작됐다. 이름도 귀여운 아름빌. 신축 빌라여서 내가 빈 건물에 첫 입주자였다. 원룸이지만 아주 넓은 공간이라 답답하지 않았다. 다만 세탁기와 가스레인지를 제외하곤 어떤 옵션도 없어서 책상, 옷장 등 필요한 가구는 직접 구매해야만 했다. 처음 타지에서 홀로 사는 막내아들이 걱정되었던 엄마는 비싼 보증금에 비싼 월세를 내야 하는 신축 빌라를 보금자리로 할 수 있도록 도와주었다. 고마워 엄마.

스무 살 첫 자취의 시작은 포부가 상당했다. 평소 요리하는 걸 좋아했던 나는 동네 마트에 들러 생마늘과 대파를 사 와 다듬고 다졌다. 마늘은 잘게 다져 비닐에 평평히 넣어주고 1차 냉동. 꽝꽝 언 네모난 다진 마늘을 다시 꺼내 깍둑썰기로 한 번에 쓰기 좋게 자른 후 다시 비닐에 넣어 2차 냉동. 대파는 잘 다듬어 찌개나

볶음류에 넣기 좋게 종종 썰어 냉동. 매 끼니는 아니어도 자취방에서 직접 요리해 먹겠다는 다짐을 행동으로 옮겼다. 직접 김치찌개를 끓이고 된장찌개를 끓이며 끼니를 해결했다. 나쁘지 않았다. 매번 밖에서 밥을 사 먹기엔 내 지갑은 너무나도 얇았고, 따뜻한 집에서 밥을 해 먹을 수 있다는 것만으로도 행복했다.

아름빌은 학교와 멀지 않은 곳에 있었고, 강의가 비는 시간이나 모든 강의가 끝난 후 심심할 때면 친한 친구들이 찾아와 놀곤 했다. 그때 찍은 사진을 다시 보면 정말 말도 안 되는 인원이 한 공간에 들어와 북적북적 참 많이도 놀았다. 갓 성인이 된 스무 살의 해를 함께 보낸 상계동 아름빌에서의 시간은 따뜻하고 말랑했다. 어쩌면 그때 그곳에서의 기억 덕에 지금까지 서울에서 살고 있는지도 모른다.

그렇게 서울에서의 첫해를 보내고, 집을 재계약 할 때가 되었다. 비싼 서울에서 비싼 보증금에 비싼 월세를 내며 또 한 해를 살아가기엔 너무 부담스러웠다. 결국 나는 자취방 근처 고시원, 아니, 고시텔을 찾아 이사하게 된다.

- 상계동 고시텔에서

 고시텔을 선택하기 전 이곳저곳 많은 곳을 봤다. 창문 없는 곳도 가보고 창문은 있지만 열자마자 벽이 나오는 곳도 가보았다. 값은 천차만별이다. 가장 싼 곳은 25만 원부터 비싼 곳은 50만 원도 넘었다. 25만 원 하던 곳은 정말 사람이 살기 힘든 곳이었다. 고시원 방 안에 들어가기도 전에 복도에서는 이미 쿰쿰한 냄새가 가득했다. 내가 살 수도 있는 곳의 방문을 열면 짙은 고동색 가구가 몇 개 있고, 바닥이 푹 꺼진 침대 하나와 책상이 놓여있었다. 화장실은 공용이었고, 부엌에는 오래된 식기류가 쌓여있었다. 물론 공용이다. 월세를 생각하면 당연히 이곳에 살아야 했지만, 공간의 분위기가 상당히 음울했고, 어두워서 차마 선택할 수 없었다.

 그러다 찾게 된 곳이 마리하우스다. 4호선 노원역 근처에 있는 고시원. 아니, 고시텔. 원보다는 텔을 붙여야 더 좋아 보이는 걸까. 끝이 무엇으로 끝나든 작은 방

한 칸이 집이 되는 건 같았다. 그래도 이곳엔 창문이 있었고, 개인 화장실도 있었다. 비록 창문 바로 앞엔 4호선 철도가 놓여있었지만, 그래도 창문이 있다는 것에 감사했다. 전에 봤던 고시원들을 생각해 보면 이 정도는 호텔이었다. 공용 공간인 부엌에는 언제든 먹을 수 있는 라면과 김치가 있었다. 비록 가장 값싼 라면에 중국산 김치였지만, 가난한 자취생에겐 이 정도도 감지덕지다. 고민 끝에 보증금 없이 살 수 있다는 매력에 홀려 계약하고 말았다.

그때 하지 말았어야 했다.

고시텔은 만만한 곳이 아니다. 다닥다닥 붙어있는 산란계 닭장 같은 곳에 한 사람 또는 두 사람씩 들어가 사는 곳이 고시텔이다. 당연히 방음은 사치다. 옆 방에서 들리는 트림 소리. 방귀 소리. 전화 소리. 울음소리. 웃음소리. 티브이 소리. 또... 셀 수 없는 다양한 소리와 공존해야 하는 곳이 바로 고시텔이다. 쉽게 보았던 지하철 4호선의 위력은 대단했다. 배차 간격이 내 생각보다 짧아, 지하철이 다니지 않는 때가 없었다. 내가 타려고 기다릴 때는 그렇게 늦게 오는 것 같던 지하철인데. 참 이상했다. 소리뿐만 아니라 먼지도 상당해서, 잠깐 창문이라도 열어 놓으면 새까만 먼지가 금세 쌓이기 일쑤였다.

침대에 누워 위를 바라보면 사계절 옷가지가 빈틈없이 걸려있었다. 고개를 돌려 옆을 보면 눈앞에 의자와 책상이. 그 옆엔 투명 창으로 된 화장실이 보였다. 움직이고 싶어도 움직일 수 없는 공간이었다. 방에서 움직이질 못하니, 해가 뜰 때 밖으로 나와 해가 지고 난 후에도 방에 들어가지 않았다. 최대한 밖에서 시간을 보내다 잠만 자기 위해 들어가길 반복했다. 참다 참다 이대로는 살 수 없을 것 같아 반년의 고시텔 생활을 마치고 학교 기숙사로 들어가게 된다.

고시원은. 아니, 고시텔은 정말 잘 생각해 보고 들어가시라.
두 번, 세 번, 그 이상 생각해 보고 들어가시라.

제발. 꼭.

- 상계동 기숙사에서

 기숙사만은 들어가고 싶지 않았다. 여러 가지 규칙과 제한 사항들이 많아 피 끓는 청춘이 살기엔 답답할 것만 같았다. 하지만 더는 방법이 없었다. 어디든 고시텔보다는 나을 것 같았다. 작은 학교였기에 기숙사도 작았다. 모든 공간은 공용이었다. 자는 방도. 씻는 샤워실도. 먹는 주방도. 어느 곳 하나 공용이 아닌 곳이 없었다. 처음엔 적응하기 쉽지 않았다. 일 년 넘게 모든 걸 혼자서 쓰고, 생활해 온 습관이 남아있던 걸까. 눈을 뜰 때부터 다시 감을 때까지 누군가와 항상 함께한다는 게 쉽지만은 않았다.

 하지만 역시 시간이 명약이다. 어색하던 사람들도. 어색하던 공간도. 익숙해지고 편해졌다. 무엇보다 가장 좋았던 건 강의 직전까지 잠을 잘 수 있다는 것과 강의 직후에도 잠을 잘 수 있다는 것이다. 학교 안에 집이 있으니 지각할 일도, 공강 때 어디에 있어야 하나 고민할 일도 없었다. 졸리면 자고 졸리지 않아도 침대에 누웠다. 이리 편할 수가 있나. 이러다간 졸업 때까지 기숙사에 살 것만 같았다. (현실이 되었다)

룸메이트인 형, 동생과도 친해졌다. 서울에 살지만, 서울 출신이 아닌 사람들과 가장 친한 아이러니한 상황이었다. 그게 무슨 문제랴. 좋은 사람들과 함께한 시간 덕에 좋은 추억도, 살도 늘어만 갔다. 꽤 자주 야식을 시켜 먹었다. 인기 메뉴는 한창 유행이었던 '파닭'. 파닭은 여러모로 좋은 이유가 많았다. 순살이기 때문에 뼈를 처리하지 않아도 되었다. 게다가 짭짤한 양념에 파까지 있으니, 밥반찬으로도 제격이었다. 너도나도 주머니 사정이 여유롭지 않았을 때였기 때문에 파닭 하나에 햇반을 인원에 맞춰 돌려 먹으면 그날 저녁은 포식이었다. 그러다 가끔 사치 부릴 때면 불족이나 피자도 시켜 먹었다. 늦은 시간에 그렇게 먹으면 늘어나는 건 살이요, 쌓이는 건 추억이다.

기숙사는 다 좋았지만, 한 가지 치명적인 단점이 있

었다. 학기가 끝난 방학 중에는 나가야만 한다는 것이다. 외국 유학생이거나 학생회 임원이 아닌 경우에는 무조건 나가야만 했다. 그래서 방학이 다가올 때마다 지방 출신 학생들은 본가에 내려가야 하나, 따로 방을 구해야 하나 걱정이 이만저만 아니었다. 나라고 다르지 않았다. 한 해는 총학생회 활동을 해서 버틸 수 있었지만, 그렇지 않을 때는 방법이 없었다.

난 또 떠나야만 했다.

- 신내동 하숙집에서

    이제는 짐 싸고 이사하는 것엔 도가 텄다. 캐리어 하나에 짐을 꾸역꾸역 넣는 것 쯤은 식은 죽 먹기였다. 함께 기숙사 방을 쓰던 선배 형의 도움으로 신내동에서 몇 달간 지낼 수 있었다. 학교와는 조금 거리가 있었지만, 방학이라 크게 문제 될 것 같진 않았다. 서울을 벗어나지 않고 지낼 수 있다는 것만으로도 다행이었다.

    신내동 집은 선배 형의 할머니 댁이었다. 어렸을 적부터 할머니와 함께 지낸 나는 그 공간이 크게 어색하지 않았다. 오히려 편안했다. 아침마다 할머니가 건네셨던 일어나라는 한마디와 따뜻한 밥상은 아직도 감사하다. 피 한 방울 섞이지 않은 남자애를 손주의 친구라는 이유로 흔쾌히 거두어 주셨다는 게 지금 생각하면 정말 감사한 일이다. 추운 겨울 따뜻한 이부자리와 맛있는 밥을 내어 주셨던 신내동에서의 하숙 생활은 어느 때보다 따뜻한 기억으로 남아있다.

- 당고개 옥탑방에서

　따뜻한 겨울이 있다면 뜨거운 여름도 있다. 어김없이 기숙사는 또 나가야 했고, 하숙도 어려웠던 때에 이번엔 또 어디에서 살아야 하나 발을 동동 구르고 있었다. 그런 상황을 안타깝게 여긴 학교 후배는 본인이 아는 공간이 있긴 한데 상황이 썩 좋지 않다, 그래도 괜찮겠느냐 말을 건넸다. 거절할 이유가 없었다. 상황이 안 좋아봤자 얼마나 안 좋겠냐는 생각에 무조건 괜찮다 했다. 학교 후배와 나, 그리고 비슷한 처지의 두 명을 더해 총 네 남자의 자취 생활은 그렇게 시작됐다.

　집은 4호선 끝 당고개역 근처에 있었다. (지금은 4호선이 연장되어 당고개가 종점이 아니지만, 그때는 당고개가 끝이었다) 사실 역 근처도 아니었다. 당고개역에서 내려 언덕을 오르고 또 올라 빌라 꼭대기 층에 있는 한 칸짜리 옥탑방이었다. 후배는 정말 솔직했다. 상황이 좋지 않았다. 에어컨은 물론이고 세탁기도 없었다. 에어컨은 선풍기로 대체할 수 있었지만, 세탁기를 대체할 수 있는 건 우리 손밖에 없었다. 한 여름이라 폭염은 말할 것도 없었고, 폭우라도 내릴 때면 방 안에 비가 들이치기 일쑤였다. 매일이 전쟁이었다. 하루는 더위에. 하루는 모기에. 하루는 비에. 이유는 매일 바뀌었지만, 전쟁에 매번 패하는 건 우리였다. 자연은 거스를 수 없다는 걸 이때 알았다.

역에서 옥탑방을 가려면 항상 지나치던 포장마차가 있었다. 평범한 떡볶이 포장마차였는데, 그날따라 떡볶이가 너무 먹고 싶었다. 역시나 가진 돈은 얼마 없었다. 함께 길을 걷던 선배 형은 나에게 방 안에 돼지 저금통 있지 않냐고 물었다. 있긴 했다. 내 돼지 저금통. 서울에 올라와 잔돈이 생길 때마다 한 푼 두 푼 모아 살찌우던 내 돼지. 그걸 째자고 했다. 한번 들어봤는데 꽤 묵직하더라며. 그건 또 언제 들어봤느냐 따지고 싶었지만, 나도 떡볶이를 너무 먹고 싶었고 날도 더워 따질 힘도 없었다. 우리는 빠르게 옥탑방으로 올라가 돼지의 배를 갈랐다. 사람이 흥분하면 이성을 잃는다. 저금통을 여는 구멍이 있는데 한두 번 시도에 잘 열리지 않자, 칼로 배를 째 버렸다. 내 돼지. 오장육부 드러낸 돼지는 그동안 품어왔던 동전들을 쏟아냈다. 꽤 됐다. 형은 인심 쓰듯 떡볶이만 조금 사 먹고 나머진 나보고 챙기라 했다. 그건 인심이 아니라 당연한 건데? 싶었지만 고맙다 했다. 이것저것 따지기엔 날이 너무 더웠다.

그렇게 우리는 주머니 가득 동전을 챙겨 다시 포장마차로 향했다. 이십 대 초중반 남자애 둘이 슬리퍼 질질 끌고 동전으로 떡볶이를 사며 신나 하는 모습을 본 사장님은 어떤 생각을 하셨을까. 그래도 그때 그 떡볶이는 엽기 떡볶이보다, 신전 떡볶이보다 몇 배는 더 맛있었다.

작은 것에 행복해하는 습관은 아마도 이때 생긴 것 같다.
역시 떡볶이의 힘은 대단하다. 죽고 싶지 않더라도 떡볶이는 먹고 싶다.

- 수유동 반지하 원룸에서

 하숙집과 옥탑방, 다시 기숙사. 2년의 군 휴학과 2년의 일반 휴학을 거쳐 또다시 기숙사로 돌아왔다. 어느덧 사 학년. 이제 일 년만 지나면 학생 신분도 끝이다. 그 말은, 기숙사에서 더 이상 살 수 없다는 말이기도 했다. 마지막 학기를 앞두고 당장 서울에 살 집을 구하기 위해 나섰다. 더위에 약하고 습한 날씨엔 더더욱 약한 나는 여름 한가운데에서 서울 곳곳을 찾아 헤맸다. 새로운 곳에서 살아보고 싶어 아현동도 가보고 혜화동도 가봤다. 역시 세상은 호락호락하지 않았다. 마음에 드는 곳은 비쌌고. 마음에 들지 않은 곳도 비쌌다. 도무지 내가 발 뻗고 잘 수 있는 곳은 없는 것 같았다. 그렇게 좌절할 때쯤. 수유역 근처에 나쁘지 않은 조건의 방을 맞이했다. 반지하라는 것만 빼면.

 물론 방은 좁고, 아무런 옵션도 없었지만, 내 조건에 이만한 방을 구하기엔 쉽지 않다는 판단이 섰다. 고민이 길수록 스트레스만 늘어날 뿐이다. 다음 사람이 보고 싶어 하니 빨리 결정하라는 부동산 사장님의 재촉에 그만 시달리고 싶기도 했던 나는 결국 계약하고 말았다. 주변에선 반지하라 힘들지 않겠냐며 다시 한번 생각해 보라 이야기하기도 했다. 하지만 나에게 다른 선택지는 많지 않았다. 어차피 밖에 돌아다니는 걸 좋아하니 햇빛 좀 덜 들고, 바람 좀 덜 부는 게 큰 문제가 될 것 같진 않았다. 그때는 알지 못했다. 코로나가 내 바깥 생활을 막을 줄은.

햇빛은 밖에서 실컷 즐기다 들어오면 된다 생각했던 과거의 나를 세게 때리고 싶었다. 카페나 식당에 함께 들어갈 수 있는 인원이 점점 줄어들었다. 결국 2인 이상 모이지 말라는 정책이 시작될 때쯤 나는 미쳐갔다. 이건 아무도 만나지도, 밖에 나가지도 말라는 말이다. 그래. 안 만날 수 있다. 하지만 반지하 단칸방에서 혼자 생활하는 1인 독거인에게 그 말은 사형 선고와 같은 말이었다. 밖에 나가 카페에서 음료를 주문할 때나 식당에서 음식을 주문할 때 겨우 입을 떼고 말하던 때였다. 그런데 그마저도 하지 말라니. 집에 가만히 있다 보면 하루 종일 한마디도 안 할 때가 많았다. 혹시 말을 까먹진 않을까 무서워 혼자서 아. 아. 소리 내보기도 했다. 아직 학생이었기에 망정이지 실시간 온라인 강의마저 없었다면 답답하고 외로워 죽었을지도 모른다.

    오랜 시간 휴학한 후 복학한 학교이니만큼 나이는 다르지만, 후배들과 함께 풋풋한 캠퍼스 생활을 하리라 기대했던 건 욕심이었다. 좁은 방에서 노트북 화면만 뚫어져라 쳐다보며 나의 마지막 대학 생활은 끝이 났다. 학교에 아는 사람도 없으니, 졸업식도 굳이 가지 않았고, 교학처에서 졸업장만 따로 수령했다. 그렇게 팔 년간의 학부생 생활은 허무하게 마무리됐다.

    졸업과 동시에 취업에 성공한 나는 같은 방에서 두 번의 취업과 두 번의 퇴사를 경험했다. 시간은 속절없이 흘렀다. 그 사이 반지하 생활에 어느 정도 적응하기도 했다. 한여름의 습함과 가끔 나오는 벌레들만 빼면 말이다. 지난여름 서울 지역에 내린 엄청난 폭우로 일어난 여러 사건 때문에 반지하에서의 삶이 얼마나 위험하고 열악한지 조명되었다. 집주인은 창문에 빗물막이를 설치했고, 비가 많이 올 때 가끔 문자해 괜찮냐고 물었다. 다행히 나와 내 집은 무사했다. 하지만 그 무사가 올해도 이어질지는 모르겠다.

지금도 나는 여전히 수유동 반지하에 살고 있다. 한 해만 살고 나가자. 계약이 남았으니 한 해만 더 살자. 이 조건에, 서울에서 방 못 구하니 한 해만 더 버텨보자 했던 게 어느덧 4년 차가 되었다. 어쩌다 보니 십 년의 서울 살이 중 가장 오랜 기간 이 집에서 살고 있다. 올해를 마지막으로 연장되었던 계약도 끝이 난다. 이제 이곳을 떠나야만 한다. 어디로 가야 할까. 어디로 갈 수 있을까. 서울에서 살 수 있을까. 지금 이 순간도 불안하다.

일단 올해 장마부터 잘 버텨보자.

3. 서울에서 어디를 제일 좋아하나?

    서울에서 십 년 넘게 살면서 이곳저곳 참 많이 다녔다. 그중엔 더 이상 예전 그 모습이 아니라 서운한 곳도 있고, 여전히 그 모습 그대로 빛나는 곳도 있다. 어느 도시보다 유행에 민감하고 트렌드를 이끄는 도시 서울에서 내가 가장 좋아하는 몇 곳을 소개하고자 한다. 좋아하는 데 객관적인 이유란 없다. 지극히 주관적이며, 내 기준에서 바라본 모습이니 오해 없길 바란다.

- 종로, 고궁에서

 시끄러운 곳보다는 조용한 곳. 사람이 많은 곳보다는 사람이 적은 곳. 번쩍번쩍하는 유리로 된 빌딩보다는 돌과 나무로 된 오래된 건물이 있는 곳. 내가 종로를 좋아하는 이유다. 물론 종로 한복판으로 가면 높고 빽빽한 빌딩 숲에, 시끄럽고, 사람 많은 풍경이 펼쳐진다. 하지만 조금만 시선을 돌려 옆 골목, 뒷골목으로 몸을 옮기면 서울의 중심에서 가장 조용하고 한적한 곳에 다다른다.

 내가 종로를 좋아하고, 특히 고궁을 좋아한다고 이야기하면 지루하고 재미없는 사람 아닌가 하는 시선으로 보는 경우가 종종 있다. 뭐 크게 재밌진 않아도 그렇다고 그렇게 재미없는 사람도 아닌 나로선 그러려니 하고 넘긴다. 고궁을 좋아하면 지루한 사람인가? 절대 아니다. 고궁 거니는 게 얼마나 재밌는데. 그들은 그 매력을 아직 모르는 것일 뿐이다.

고궁을 즐기기 가장 좋은 때는 봄이나 가을. 비가 촉촉촉 내리는 날. 이른 오전이나 살짝 늦은 오후. 바로 그때다. 고궁에는 그늘이 많지 않아 뙤약볕이 내리쬐는 한낮은 조금 힘들 수 있다. 그 시간대를 피하는 게 가장 좋다. 그리고 촉촉촉 비가 내리는 날이 좋은 이유는 저벅저벅 내 발걸음 소리를 조용히 들을 수 있기 때문이다.

이게 무슨 이상한 취미인가 싶겠지만, 한번 해 보시라. 조금 더 유난 떨자면, 고궁 가장 안쪽 사람들이 잘 찾지 않는 건물 뒤편으로 가 나무와 돌의 적당한 비율로 만들어진 기둥을 손으로 슥 훑어보는 게 상당히 재미있다. 비 오는 날의 소리와 냄새. 손끝에서 느껴지는 촉감. 모든 걸 한 번에 즐길 수 있다. 뭐랄까. 아이들 촉감 놀이를 한다고 보면 이해가 쉽다.

고궁에 가면 오감이 깨어난다고!

- 종로, 부암동에서

 인왕산과 북악산, 한양도성을 배경으로 석파정, 청운 문학도서관, 윤동주문학관이 있는 곳. 부암동은 차 없이 가기 힘들다. 차가 없는 나로선 친구 차를 타고 한 번 갈 때 제대로 즐겨야 하는 곳이기도 하다. 부암동은 낮에 가도 좋고, 밤에 가도 좋다. 낮에 간다면 한옥으로 된 청운 문학도서관에 들러 햇볕 아래 운치를 즐긴 후 윤동주문학관에서 잔잔한 감성을 느낀다. 그러다 보면 잘 읽히지 않던 책도 술술 읽히고, 써지지 않던 글도 술술 써지는 착각에 빠지곤 한다.

 만약 밤에 부암동을 찾는다면 은은한 주황빛으로 밝혀진 한양도성, 형형색색의 서울 도심을 눈에 담는다. 운전해 주는 친구가 그날따라 기분이 좋고, 마음의 여유가 있다면 조금 더 차를 타 북악 스카이웨이까지 가자고 한다. 주차하고 팔각정에 올라 바라보는 서울의 야경이 진짜 진국이다. 부암동에 유명한 카페나 식당도 많다고 하는데 사실 나는 잘 모른다. 부암동에 굳이 먹으러 가지 않는다. 날씨만 허락한다면 천천히 걷고 조용히 즐기는 게 부암동에서 할 수 있는 최고의 휴식이다.

부암동이야말로 서울에서 느낄 수 있는 운치의 끝판왕이 아닐까.

- 용산, 해방촌에서

   해방촌은 한마디로 정의할 수 없다. 조용한 것 같은데 시끄럽고, 한국적인 것 같은데 오묘하게 그렇지 않다. 해방촌으로 가는 길은 그리 쉽지 않다. 초록색 마을버스를 타고 가파른 언덕길을 오르고 또 오르다 보면 해방촌 오거리에 다다른다. 그곳이 해방촌 가장 꼭대기이자 용산 02번 마을버스를 타고 내리는 사람들로 항상 붐비는 곳이다. 날이 너무 덥지 않으면 (한 번쯤) 해방촌을 걸어서 올라가는 것도 좋다. 올라가는 길에도 다양한 가게들이 있어 눈이 심심할 틈이 없다. 다만 너무 더운 여름날엔 겨드랑이도 심심할 틈이 없으니 걸어 올라가는 걸 추천하진 않는다.

   내가 해방촌을 왜 이리도 좋아할까 곰곰이 생각해 본 적이 있다. 사실 해방촌과 비슷한 외양을 지닌 동네는 서울 곳곳에 많다. 그런데 왜 하필 해방촌에 꽂힌 걸까. 아마도 그 마을을 이루고 있는 다양한 사람과 가게

가 그 이유인 듯하다. 어린 꼬마부터 할머니, 할아버지까지. 한국인부터 외국인까지. 손바닥만 한 작은 강아지부터 사람만 한 대형견까지. 너무나 평범한데 절대 평범하지 않은 것들의 집합소라 할까. 전혀 예상하지 못한 풍경이 펼쳐지는 곳이 해방촌이다.

조금 전까지는 한적한 시골 마을에 있는 구판장을 지나온 느낌이었는데, 지금은 세상 힙한 카페가 옆에 있다. 얼핏 보면 동남아 한가운데에 서 있는 것 같지만, 잠시 고개를 돌려 보면 유럽 어느 나라에 있는 오래된 마을에 있는 것 같기도 하다. 도무지 설명할 수 없다. 그게 내가 해방촌을 사랑하는 이유다.

소위 힙한 동네는 한마디로 설명 가능한 곳들이 많다. 이곳엔 맛집이나 카페가 많고. 저곳엔 편집숍이 많다든가 하는. 대부분 예측 가능하다. 커피를 마시러 이곳에 가면 되고, 옷을 사러 저곳에 가면 되니까. 그런데 해방촌은 그렇지 않다. 다행히도 아직 대기업의 손길은 덜 타서 작고 소중한 가게들이 저마다의 개성을 반짝인다. 물론 그 속사정은 잘 알지 못한다. 경리단길이 옛 경리단길이 아니라 하고, 성수동도 옛 성수동이 아니라 한다. 세상은 변하고 서울은 더 빨리 변한다.

해방촌은 '촌'이라는 끝말이 어울릴 수 있도록 조금 더디게 변했으면 좋겠다. 아니, 지금 이대로였으면 좋겠다. 지금도 충분히 멋지고, 더할 나위 없다.

이사 가고 싶다 해방촌으로.

- 광진, 뚝섬에서

  뚝섬은 라면이다. 여름에 계곡에서 물놀이하다 먹는 육개장 사발면만큼은 아니지만. 뚝섬 한강공원에서 먹는 라면 맛은 기가 막힌다. 처음 서울에 올라와 깜짝 놀랐던 게 있었는데, 바로 라면 끓이는 기계다. 예전엔 은박지로 된 네모난 일회용기에 생라면을 담아 끓이는 기계가 대부분이었는데, 요즘엔 종이로 된 동그란 용기에 끓이는 기계가 많은 것 같다. 은박지든 종이든. 네모든 동그라미든. 그건 중요하지 않다. '한강'에서 먹는 '라면'이라는 게 키 포인트다.

  직전 회사에서 퇴사하고 다음 날 간 곳도 뚝섬 한강공원이다. 퇴사한 기념으로 특별한 무언가를 산다든가, 어딘가로 훌쩍 떠나는 게 아니라 한강에서 라면 한 그릇 뚝딱하고 싶었다. 혼자 초록 잔디밭에 은색 돗자리를 펴고 앉아 한강 라면을 먹는 상상을 하며 7호선 뚝섬 유원지 역으로 갔다. 하지만 역시 서울은 서울이었다. 특히 공휴일의 서울은 남달랐다. 하필 퇴사 다음 날이 빨간 날이었고, 빨간 날을 맞아 나처럼 한강에서 라면 한 그릇 하고 싶었던 사람들이 많았다. 조금 많은 수준을 넘었고 잔디밭에 빈자리를 찾기가 어려웠다.

포기할 수 없었다. 이날을 얼마나 기다렸던가. 친구들. 연인들. 가족들. 삼삼오오 짝을 이뤄 온 사람들 틈바구니에 껴서 특대 사이즈 은색 돗자리를 펼쳤다. 혼자라고 한강에서 라면 먹지 말라는 법은 없다. 돗자리 위에 가방을 두고 근처 편의점으로 갔다. 당연히 라면을 챙겼다. 그런데 뭔가 라면 하나로는 자존심이 상할 것 같았다. 나 꽤 잘 먹는 사람인데, 한강을 앞에 두고 라면 한 그릇만 하기엔 아쉬웠다. 고민하다 치킨 꼬치 하나와 제로 콜라를 손에 들고 라면 기계 앞으로 갔다.

대부분 짝을 이뤄 왔기 때문에 한 사람이 라면을 준비하면 다른 한 사람은 음료수나 다른 간식을 손에 들어주었다. 대부분에 속하지 않은 나는 양손을 어찌해야 할지 몰라 살짝 허둥대긴 했지만, 바닥에 다른 것들을 내려놓고 라면에 집중했다. 동그란 일회용기에 생라면을 넣고 건더기 스프와 가루스프까지 다 넣는다. 그리고 버튼 하나면 끝. 뜨거운 물이 쪼로록 나오고 조금 시간이 흐르면 어느새 라면은 끓기 시작한다. 전자레인지 끝나는 시간 삼 초를 기다리기 힘든 것처럼, 라면 기계가 다 되는 시간을 기다리는 건 정말 힘든 일이다. 강한 인내심으로 삼 분여를 기다리면 어느새 라면은 적당히 꼬들꼬들한 면으로 잘 완성되어 있다.

바닥에 내려놓았던 치킨 꼬치와 제로 콜라. 그리고 대망의 라면을 조심히 들어, 내 자리로 갔다. 역시나 주변엔 끼리끼리 놀러 온 사람들이 가득하다. 그들의 눈치를 보기엔 이미 너무 많이 와 버렸다. 자리에 얼른 앉아 라면 국물 한 모금. 면 한 입을 서두른다. 라면 위에 치킨 한 조각 얹어, 또 한 입. 튀김엔 탄산이니까 제로 콜라 한 모금. 설명이 더 필요할까.

여의도 한강공원, 망원 한강공원 다 가보았지만, 라면은 뚝섬에서 먹는 게 제일이다. 이유는 없다.

라면은 뚝섬이고. 뚝섬은 라면이다.

4. 서울에서 어떤 일이 있었나?
- 상계동에서

　서울에서 많은 사람을 만났다. 좋았던 기억도 있고, 좋지 않았던 기억도 있다. 나쁜 사람이라고 해서 매 순간 나쁜 것이 아니듯, 좋은 사람이라고 해서 항상 좋기만 한 것도 아니니, 어쩌면 복잡한 기억이 쌓이는 게 당연하다. 그들에게 나도 그랬겠지, 하며 애써 무던하게 넘기려 힘쓴다. 관계라는 건 애쓰고 힘쓴다고 해서 잘되고 그런 건 아닌 것 같다. 정말 친해지고 싶은 사람도 친해지지 못하는 경우가 있다. 친해지고 싶은 티를 내는데도 불구하고 거리는 자꾸만 멀어지기만 한다. 별로 친해지고 싶지 않은 사람인데, 묘하게 비슷한 점이 있다거나 동선이 겹치는 사람이 있다. 나랑 너무 비슷해서 그런가. 이곳에 가도 만나고, 저곳에 가도 만나든가 하는. 그런 사람도 있는 법이다. 뭐 하나 내 맘대로, 내 맘처럼 되는 건 관계에서만큼은 많지 않다.

　많지 않지, 아예 없는 건 아니다. 그래서 내 맘대로,

내 맘처럼 할 수 있는 사람을 만나거나 그런 상황에 놓인다면 뒷걸음질 치지 않으려고 부단히 애쓰며 살고 있다. 얼마나 다행인가. 모든 게 복잡하고 어려운 이 세상에서 내 맘처럼 할 수 있는 게 하나라도 있다는 게. 그게 사람이든 상황이든 무엇이든 놓치지 않으려 한다. 언제 또 올지 모르는 행운이니까.

몇몇 사람을 잃었다. 사람을 잃었다는 말엔 두 가지 뜻이 있다. 그 사람의 생이 다해 이승에서는 더 이상 보지 못한다는 뜻. 그 사람과 나와의 연이 다해 이번 생에서 다시는 안 볼 사이라는 뜻. 서울에 살며 두 가지의 잃음 모두를 겪었고, 첫 번째 의미의 상실이 먼저 찾아왔다.

추운 겨울이었다. 크리스마스가 얼마 남지 않아 온 세상은 포근한 공기가 가득 메우던 때였다. 나의 마음도 일렁이긴 마찬가지였다. 남중, 남고를 나와 연애 한 번 해보지 못했던 나에게 첫 연애가 이제 막 시작되었던 때가 그때였으니 일렁이다 못해 파도치던 때라 해도 무방하다. 파도치던 내 마음과는 다르게 한 사람의 마음은 그의 인생에 있어 가장 잔잔해져 가던 때도 그때였다. 나의 하나뿐인 할아버지가 그랬다.

    평생을 무서운 아버지로, 정 없는 남편으로 살아온 그에게 이제 더 이상 아무 힘도 남아있지 않았다. 암이라는 하나의 음절은 그의 인생을 뒤덮었다. 평생을 술과 담배로 살아온 탓일까. 아니면 평생을 아내 고생시키고, 자식들의 눈에 눈물 흘리게 한 탓일까. 이유는 모른다. 그저 그는 아팠다. 강원도 횡성. 산골 중에서도 산골인 동네에서 서울 큰 병원을 왔다 갔다 하기엔 무리가 있었다. 서울에는 때마침 방학이라 잠시 비워두었던 나의 자취방이 있었고, 친척 어른들은 할아버지와 할머니가 그곳에 잠시 머무르실 수 있도록 하셨다. 비록 그 결정을 한 친척 어른들에겐 무서운 아버지였고, 함께할 할머니에겐 정 없는 남편이었지만, 나에게만큼은 언제나 온화하고 든든한 할아버지였기에 어디서든, 어떤 방법으로든 빨리 나으시기만을 바랐다.

크리스마스쯤 나는 첫 여자친구와 데이트하기 위해 원주에서 서울로 올라왔다. 서울로 온 김에 자취방에 들러 할아버지와 할머니를 뵙고 데이트하러 가야지 싶었다. 아름빌에 도착해 익숙하게 계단을 올랐다. 띠리링. 문을 열자 누워있는 할아버지와 앉아있는 할머니가 보였다. 침대도 없이 누워있는 할아버지가 안쓰러웠다. 시골집에 가면 항상 큰 소파에 앉아 담배를 태우고 나를 맞이하던 큰 산 같던 그가 앉을 힘도, 서 있을 힘도 없어 누워있었다. 할머니는 우리 강아지 왔냐며, 얼른 일어나 나를 몇 번이고 끌어안았다. 항상 포근한 할머니 냄새에 취해 안겨있다가도, 힘없이 누워있는 할아버지의 모습이 눈에 들어왔다.

"할아버지. 나 왔어. 용진이 왔어." 내 음성이 그의 큰 귀에 천천히 들어갔다. 이내 큰 눈이 서서히 떠졌다. "왔네. 집주인. 집주인이 왔어." 집주인이라는 말에 나는 피식 웃으며 "무슨 내가 집주인이야~ 할아버지 왜 누워있어. 손주가 왔는데. 배 안 고파? 나 배고파. 우리 뭣 좀 먹자." 위아래 똑같은 회색 내복을 입은 그는 그의 아내의 부축으로 힘겹게 자리에 앉았다. 그리고 우리 셋은 내가 맛있다고, 믿고 먹어도 된다고 말한 짜장면집에 배달시켰다.

짜장면은 금세 도착했다. 빨간 교자상을 펼쳐 신문지를 깔았다. 연한 하늘색 플라스틱 그릇에 담긴 까만 짜장면을 감싸고 있는 질긴 비닐을 모두 뜯어냈다. 내 것도 할머니 것도. 그리고 할아버지 것도. 그새 자리에 누워있었던 할아버지는 다시 할머니의 부축으로 허리를 펴 앉았다. 그리고 성호를 그었다.

"성부와 성자와 성령의 이름으로. 성부와 성자와 성령의 이름으로. 성부와 성자와 성령의 이름으로."
"아유. 그만해요 좀. 이 양반이 왜 이래. 한 번 하면 됐지. 어여 먹어 우리 강아지, 식는다. 어여."

몇 년 전부터 성당에 다니기 시작한 할아버지는 항상 식전 기도를 하셨는데, 그날따라 여러 번 반복했다. 처음 보는 모습에 흠칫 놀란 나와는 다르게, 처음이 아닌 듯한 할머니는 기도하던 손을 내리며 그 손에 딱딱한 나무젓가락을 쥐여 주었다. 크고 두꺼운 그의 손에 힘없이 나무 작대기 두 개가 걸려있었다. 언제든 떨어질 것처럼 위태롭게.

이내 그는 잘게 자른 면을 조금 입에 넣었다. 눈치 없던 스무 살의 나는 후루룩후루룩 소리 내며 잘도 먹어댔다. 노란 단무지도 없어서 후루룩. 춘장 찍은 양파도 없어서 또 후루룩. 잘도 먹어댔다. 내 짜장면은 이내 바닥을 보였지만, 그의 짜장면은 늘어나는 것만 같았다. 결국 그는 몇 술 뜨지 못하고 그 자리에 다시 누웠다.

남은 음식을 할머니와 같이 정리했다. 신문지도 접어 종이 모으는 상자에 담고, 다 먹은 짜장면 그릇은 차곡히 포개 빌라 일 층에 내려다 놓았다. 다시 저벅저벅 삼 층에 올랐다. 핸드폰 시계를 보니 여자친구와 약속한 시간에 맞추려면 이제 출발해야 했다. 띡띡띡띡 띠리링. 문을 열자 아까 모습 그대로 누워있는 할아버지와 앉아있는 할머니가 보였다.

"할머니. 나 이제 가볼게."
"벌써가? 조금 더 있다가 가지. 왜."
"나 약속 있어. 또 올게."
"그려? 그려. 그려. 젊은 사람은 바빠야 해. 그래야 나이 들어 쉬지. 어여 가. 늦겠다."
"할아버지한테 인사하고 가야지."
"아유 그냥 가 어여. 어여 가."

얼른 나가라며 나를 밀어내는 할머니 소리에 무거운 눈을 잠시 뜬 할아버지는 그래도 인사는 해야지 하며 몸을 일으켰다. 허리를 이불에서 떼는 것도. 나무젓가락을 드는 것도 힘든 그가 어느새 야윈 두 다리로 몸을 지탱해 일어났다. 어렸을 적 내 손을 잡아주던 큰 산 같던 그는 너무나 작아져 있었다. 내가 크는 만큼 그는 작아졌다.

"잘 가. 집주인. 또 와."

그의 한마디는 느릿하게 나에게 다가왔다. 한껏 그를 안을까 잠깐 생각했다. 이내 안지 않고 여전히 두껍고 거친 그의 손을 꽉 잡았다.

"할아버지. 또 올게. 잘 쉬고 있어. 또 올게."
"할머니 나 갈게. 잘 쉬고!"

그날 꽉 잡은 그 손이 따뜻한 온기가 남아있던 마지막 손이었다. 크리스마스로 온 세상이 환하던 그해 겨울. 짜장면을 앞에 두고 몇 번이고 성호를 긋던 그는 그가 가장 아끼던 손주의 자취방에서 하늘로 갔다.

한평생을 그에게 시달렸던 그의 아내 옆에서 영원히 깨지 않는 잠에 들었다. 내가 다시 온다고 했잖아. 또 온다고 했잖아. 조금만 더 버텨주지. 왜 갔어 벌써. 내가 안아주지도 못했는데 왜 갔어. 왜 갔어. 왜 벌써 갔어. 몇 번이고 불렀지만, 돌아오는 대답은 없었다.

좋은 남편도 아니었고, 좋은 아버지도 아니었지만, 나에겐 누구보다 좋은 할아버지였다. 다른 사람들 말은 듣지 않아도 어린 내가 하는 말은 다 들어줬었다. 오죽하면 시골 마을에서 동네 사람들은 할아버지 이름 대신 "용진 할아버지~ 용진 할아버지~"하고 불렀다. 오이 하우스에서 오이를 따다가도 내가 할머니 심부름으로 미숫가루를 들고 가면, 하던 일을 멈추고 나와 함께 미숫가루를 마셔주던 할아버지. 다른 사람이 담배 좀 그만 피우라고 아무리 말해도 들은 척 안 하다, 내가 그만 좀 피우라 하면 망설이지 않고 재떨이에 반도 더 남은 담배를 짓이기던 할아버지. 평생을 부엌일 한번 안 하며 살았어도, 손주가 새벽에 배고프다 하면 라면에 계란, 파까지 넣어주던 할아버지. 그는 내가 살던 자취방에서 영원히 잠들었다.

항상 좋은 사람도. 항상 나쁜 사람도 없다. 나에게 그는 대부분이 좋았고, 여전히 그리운 사람이다. 내가 기억하는 그와의 과거는 행복했고, 든든했다. 어쩌면 그가 나의 작은 공간에 들어와 깊은 잠에 빠진 게 다행이다. 아는 사람 하나 없는 하얀 병실에서 잠들지 않아서 다행이다. 지금까지 후회로 남는 건 짜장면을 먹던 그날 온 힘을 다해 일어선 그를 꽉 안아주지 못했다는 것이다. 왜 손만 잡았을까. 왜 안지 않았을까. 그게 가장 후회된다.

그의 상실은 내 인생의 첫 상실이었다.

- 수유동에서

 아직까지도 어른들은 수유동을 수유동이라 부르지 않는다. 수유동에 산다고 이야기하면 "수유리?"로 내가 사는 곳의 이름을 바꿔 되묻는다. 무엇이 되었든 그 동네가 이 동네고. 이 동네가 그 동네니 상관없다. 수유동 반지하 원룸은 공간에 대한 기대치가 높다면 '역시 반지하네.'라고 생각할 테고, 기대치가 낮다면 '반지하 같지 않은데? 괜찮구먼. 뭘.' 하고 생각할 만한 곳이다. 이리 보나 저리 보나, 절반은 땅속에 잠겨있는 건 변하지 않는 사실이지만, 그 안에서 조금이라도 삶의 질을 높이기 위해 발버둥 친 결과랄까.

 다섯 평 남짓한 공간에 주황색 은은한 빛을 내는 조명만 네 개다. 처음엔 하나였는데, 살면서 점점 늘려 결국 네 개가 되었다. 나름 부엌(비슷한 곳)과 거실(비슷한 곳)이 구분되어 있는 방이라 하얀 직접등도 두 개가 있다. 밝기로 따지면 눈부시게 하얀 직접등이 훨씬 밝다. 항상 밝은 게 좋은 것은 아니듯, 그 밝음이 반지하의 어둠을 더 돋보이게 하는 것 같다는 생각이 들었다. 그러다 하나둘씩 사기 시작한 조금은 덜 밝은 주황빛의 조명이 공간 모서리마다 자리하게 되었다.

조명이 비추고 있는 모든 가구는 이케아에서 사고, 직접 조립했다. 테이블부터 침대까지 북유럽 출신이라 그런가 단정하고 깔끔하다. 사는 곳은 수유동이지만 가구는 북유럽이다 이 말이다. 게다가 내 방은 복층이다. 화장실 앞에는 두 칸짜리 계단이 있는데, 그 계단을 오르고 화장실 문을 열어 마지막 계단 하나를 더 올라야 마침내 변기를 조우할 수 있다. 만약 전날 과음을 하고 뒤로 나와야 할 것들이 위로 나올라 칠 때면 세 칸짜리 계단이 여느 산 하나 등반하는 것처럼 느껴질 때가 많다.

새하얀 북유럽 가구와 주황빛의 간접 조명. 게다가 복층 구조. 앞서 말했듯 기대치에 따라 다른 반응이 나올 만한 곳이긴 하다. 하지만 아무리 용을 써도 바꿀 수 없는 사실은 '반지하'라는 것이다. 일반적으로 반지하의 기본값에는 세 가지가 있다. 높은 습도. 벌레. 악취. 컨디션이 좋은 반지하는 셋 다 없을 수도 있고, 반대로 컨디션이 좋지 않은 반지하는 세 가지의 플러스알파가 더 있을 수도 있다. 다행히 내가 사는 수유동 반지하는 악취는 덜한 공간이다. 악취는 덜하지만 높은 습도와 벌레는 여느 반지하와 마찬가지로 기본값이다.

기본값 1. 높은 습도.

 단어의 모양새도 습하게 생겼다. 습. 어딘가 꽉 막힌 느낌. 반지하의 습함은 사시사철, 동서남북, 동서고금을 가리지 않지만, 가장 심할 때는 물론 여름이다. 여름을 극도로 싫어하는 나는 특히 장마철의 끈적끈적한 습도에는 항상 고꾸라지고 만다. 공기 중에 물방울이 떠 있는 것 같은 습도에 이리 치이고 저리 치이다 집에 들어와 보면, 공기뿐만 아니라 이불이며 아침에 벗어둔 옷가지며 달라붙을 수 있는 모든 곳에 물방울이 척척 달라붙어 있는 기분이 든다. 야속하게도 땀까지 많은 체질이라 여름이면 빨래해야 할 옷들이 산더미처럼 쌓이곤 하는데, 빨래하는 것은 문제 되지 않지만, 널 때가 문제였다. 이미 습한 공간에 더 습한 옷가지들을 널어놓으면 숨이 턱턱 막힌다. 에어컨을 틀어 제습 기능에 맞춰 놓아도 크게 달라지는 건 없다. 대충 마른 것 같아 다음 날 입어보면 분명 겨드랑이가 아닌 곳인데도 겨드랑이 냄새가 나는 경험을 할 수 있다.

그렇게 삼 년을 버티다, 올해는 삶의 질 좀 높여보고자 당근마켓에서 좋은 조건에 위닉스 뽀송 제습기를 샀다. 집에서 나와 버스를 타고, 환승해 지하철을 타고 또 걸어 겨우 도착한 곳에서 만난 판매자분은 무려 거래 온도 91.6도의 당근 초고수였다. 당근 초고수는 당근 초하수인 내가 대중교통을 타고 혼자 왔다는 말에 깜짝 놀랐다. 그러고는 집을 왔다 갔다 몇 번을 반복해 무거운 제습기를 잘 들고 갈 수 있도록 꼼꼼히 포장해 주셨다. 무순이님 감사합니다.

당근 초고수 무순이님 덕분에 무사히 집에 도착한 나는 제습기 성능을 테스트해 보기 위해 서둘렀다. 전원을 연결하자 띠리링 소리 내며 작동하기 시작한 뽀송이는 생각보다 큰 소리를 내며 습기를 빨아들였다. 이미 오래된 냉장고 소리로 소음이 가득한 곳에 뽀송이까지 소리를 얹자, 작은 다섯 평의 공간은 내 두통을 유발하기에 더할 나위 없었다. 어차피 시간이 조금 흘러야 제습 능력을 평가할 수 있으니, 시끄러운 소음도

피할 겸 잠시 밖에 나가 있기로 했다.

   몇 시간 뒤. 근처 카페에서 시원한 아메리카노 한잔 하고 들어온 나는 귀여운 이름과는 다르게 엄청난 능력을 가진 뽀송이에 감탄하고 말았다. 뽀송이 배를 갈라 물통을 열어보니 누가 중간에 채워 놓은 건 아닌가 싶을 정도로 물이 가득했다. '그동안 습할만했네. 엄청나네 뽀송.' 그의 탁월한 능력에 힘입어 이제 더 이상 코인 빨래방에 갈 필요가 없다는 생각에 기분이 아주 뽀송뽀송했다.

   그 후로도, 뽀송이는 조금 요란하긴 하지만, 수유동 반지하 자취방에서 가장 열심히 일하는 친구가 되었다. 반지하의 기본값 하나 제거 완료다.

기본값 2. 벌레.

    혹자는 곤충이라 부르기도 한다. 나에겐 그저 벌레일 뿐이다. 둘이 한글과 한자의 차이일 뿐 같은 단어라 하지만, 벌레가 풍기는 뉘앙스와 곤충이 풍기는 뉘앙스는 다르다. 거듭 밝히지만, 나에겐 그저 벌레일 뿐이다.

    수유동 반지하의 기본값 두 번째. 벌레. 벌레 오브 벌레는 역시 바퀴다. 지금은 휴전상태라 잠시 모습을 감췄지만, 언제 또다시 그 요상한 더듬이를 더듬더듬 할지 모를 놈이다. 사건은 역시 여름에 일어났다. (여름이 너무 싫다) 이른 아침. 밤새 더위에 시달리다 겨우 잠들었는데 생각보다 일찍 잠에서 깨고 말았다. 홈키파가 막아주지 못한 모기와의 싸움에 패한 내 몸 구석구석을 살피다 오늘은 물파스를 잊지 말고 사야겠다 다짐하며 냉장고로 향했다.

"몸 겉은 습한데 몸 안은 왜 이리 건조하지. 차라리 반대면 좋겠다." 중얼대며 노랗게 바랜 작은 냉장고 문을 허리 숙여 열었다. 페트병에 절반 정도 남은 물을 벌컥벌컥 들이켰다. 평소 같았으면 "으어어. 좋네." 하며 기사식당에서 들을 법한 호쾌한 감탄사를 내뱉을 나였지만, 그날은 달랐다. 마시던 페트병을 조심스레 내려놓고 한 손에 들고 있던 뚜껑을 더 조심스레 닫았다. 그리고 눈을 비비며 혹시 내가 잘못 본 건 아닌가 다시 뚫어져라 봤다. 맞다 바퀴다. 근데 왜 천장에 있니? 어? 왜?

바퀴와 눈이 마주친 것 같은 생각이 들었다. 나는 너를 보고 있는데, 너도 나를 보고 있구나. 까딱. 기다란 더듬이가 움직였다. 살아있네. 역시 날 보고 있는 게 맞았어 이 새끼. 그 짧은 순간에 오만가지 생각을 했다. 바퀴는 어떻게 죽여야 하나. 아 일단 죽이는 게 맞나? 죽이긴 해야 할 것 같은데 뭐로 죽이지? 에프킬라? 그러다가 툭 하고 떨어지면 그땐 어떡하지? 발로 밟진 못할 것 같은데. 종이로 쳐야 하나? 종이 어딨지. 한 장으론 안 될 것 같은데, 신문지 없나?

　사람이 궁지에 몰리면 초인적인 힘이 나온다 한다. 초인적인 힘은 물리적인 것에 국한되지 않는다. 평소와 다르게 미친 듯한 속도로 머리를 굴리던 나는 책장에 꽂혀 있던 파일철을 생각해 냈다. 두툼하게 자료들이 가득 들어있는 파일철. 이 정도면 바퀴를 쳐 죽이기엔 충분한 듯했다. 후. 그래. 해보자. 군대도 갔다 왔는데. 예비역 병장인데. 그래. 이 정도는 뭐 껌이지. 그래. 껌이지. 그래. 껌일 거야.

　숨을 참고 책장으로 가 두툼한 파일철을 손에 들었다. 바퀴가 더듬이를 더듬, 하고 움직일 때 나의 걸음은 멈췄다 가기를 반복했다. 더듬. 저벅. 더듬. 저벅. 더듬 더듬. 저벅저벅. 다섯 평밖에 되지 않는 공간이 왜 이리 커 보였을까. 드디어 바퀴가 내 머리 위 정중앙에 위치할 때 걸음을 멈췄다. 속으로 셋을 셌다. 뭐든 삼세번이다. 하나.. 둘.. 하.. 두울.. 하. 다시 다시. 하나.. 두우울.. ㅅ..ㅅ..세엣.....!

혹시 밖에 지나가던 사람이 있었다면 내 비명에 나자빠졌을지도 모른다. 기합 소리라고 하고 싶지만, 비명에 가까웠다. 파일철로 타격함과 동시에 검은 바퀴는 방바닥에 투두둑 하고 떨어졌고, 미리 준비했던 에프킬라를 미친 듯이 뿌려댔다. 한 통을 거의 다 써갈 무렵 에프킬라인지 내 땀인지 모를 물이 흥건한 바닥을 보며 '훗. 별거 없네.' 하고 비참한 전투의 흔적을 바라봤다. 그런데, 정작 내가 이긴 것 같아 보이는 전장은 참혹했다. 문제는 전후 수습이다. 흥건한 바퀴를 처리해야 하는 일이 남아있었다.

휴지로 하자니 바퀴의 형태가 너무 느껴질 것 같았다. 그래서 휴지 옆에 있던 물티슈를 집어 들었다. 한 장은 어림도 없다. 뽑을 수 있는 대로 뽑아 다시 한번 숨을 참고 전장으로 향했다. 이미 움직이지 않는 바퀴인데도 더듬이를 더듬더듬하는 것만 같은 기분이 들었다. 하지만 승자는 나다. 너는 죽었다 이 말이다. 뽑아 든 물티슈가 너무 두꺼워 바퀴를 잡은 건지 아닌 건지 구분이 가지 않았다. 몇 번을 시도한 끝에 검정 바퀴는 하얀 물티슈에 쌓여 완벽히 생을 마감했다.

물티슈 덩이를 방안 휴지통에 넣을 순 없었다. 이미 쓸 수 있는 이성과 힘을 모두 소진한 나는 화장실 계단을 올랐다. 그리고 변기 뚜껑을 열어 물티슈 덩이를 넣고 레버를 내렸다. 뒤를 돌아 문을 닫으려는 찰나. 꾸르륵 꾹꾹꾹 꾸-욱. 막혔다.

이게 다 바퀴 때문이다. 평소엔 절대 하지 않았을 행동이다. 반지하에서 변기에다 물티슈를 넣다니. 이건 자멸 행위다. 하지만 그때 나는 이미 이성을 잃은 상태였다. 이성적 사고가 불가능했다. 꽉 막힌 변기를 하염없이 쳐다봤다. 허탈한 웃음이 나왔다. 끈질긴 새끼. 곱게 가질 않는구나. 변기 옆에 새초롬하게 서 있던 뚫어뻥을 들었다. 그리고 그곳을 향해 미친 듯이 펌프질했다. 푸드덕 푸드덕 팍팍팍팍팍. 물이 튀든 말든 그건 이미 문제 되지 않았다. 바퀴를 저세상으로 보내는 것만이 중요했다. 레버를 내렸다. 꼬르륵 꼭꼭꼭 꼬-옥. 더

망했다. 물은 변기를 넘치기 직전까지 차올랐다. 이대로는 화장실이 물바다가 될 것만 같았다.

    난 처참히 패배했다. 내가 할 수 있는 건 이제 아무것도 없었다. 잠시 화장실 밖으로 나와 생각했다. 사실 생각해 봤자 다른 방법은 없었다. 대충 옷을 챙겨 입고 집 밖으로 나섰다. 오래된 동네라 지물포며 철물점이 골목길에 많이 있었다. 평소엔 눈길 한번 주지 않던 곳들인데, 이렇게 나를 구원해 주는구나 싶었다. 가까운 철물점에 가 "혹시 변기 뚫는 것도 있나요?" 물었다. "뚫어뻥이요?" "아 아니요. 그걸로 이미 해 봤는데 소용이 없어서요. 혹시 더 센 거 있나요?" "뚫어뻥으로 해서 안 되면 소용없어요. 기계 써야지 뭐. 별수 있나. 집 어디셔요?"

    연세 지긋하신 사장님은 말이 끝나기 무섭게 장비를 챙기기 시작했다. 스프링 같은 게 연결된 기다란 물체였는데 태어나서 처음 보는 물건이라 어떻게 설명해야 할지 모르겠다. 장비를 챙긴 사장님은 앞장서라 하셨고, 나는 총총걸음으로 집을 안내했다. 공동 현관을 열어 위로 올라가시려는 사장님의 옷을 살짝 잡아 "아 사장님 여기예요. 여기." 반지하를 가리켰다. "아 반지하여? 근데 물티슈를 넣었다고? 아이고... 당연히 막히지. 그럼."

'저도 원래 안 그러죠. 사장님. 사정이 있었다고요.' 말하고 싶었지만, "네. 맞죠..." 내뱉고 말없이 내려갔다. 방문을 열고 화장실 계단을 올라 변기 앞에 선 사장님은 능숙하게 기다란 쇠꼬챙이를 속으로 쑤셔 넣고는 스프링 비슷한 걸 열심히 돌리셨다. 그러고는 레버를 꾹. 우르르르 푸쓔우우우우욱. 한 달 치 숙변이 내려가는 느낌이 이런 느낌일까. 시원하게 내려간 변기에 휴지 한 장을 넣어 레버를 눌러 최종 확인까지 마친 사장님은 "삼만 원이여." 말씀하셨다.

감사한 마음에 빠르게 계좌이체를 끝내고 물 한잔 대접했다. "담부턴 절대 변기에 뭐 넣지 말아요. 휴지도 넣지 말어 웬만하면. 반지하에선 클나."

이날 이후로도 사장님은 한 번 더 내 집에 오셨었고, 그때도 "담부턴 절대 변기에 뭐 넣지 말아요. 휴지도 넣지 말어 웬만하면. 반지하에선 클나."라고 말씀해주셨다. 휴지도 넣지 말라던 전문가의 조언을 무시한 내 탓이었다.

반지하의 기본값. 벌레. 왕관을 쓰려는 자 그 무게를 견뎌야 하듯, 반지하에 살려는 자 벌레를 견뎌야 하는 것이다.

그래도 천장은 너무했다 이 새끼야.

5. 그럼에도 서울에 사는 이유는?

 참 다사다난하고, 복잡다단하다. 이 정도면 서울에 살지 않는 게 답이지 않냐고 물을 만하다. 나도 그렇게 생각한다. 오늘도 나에게 묻는다. 이 정도면 굳이 서울에서 살지 않아도 되지 않겠냐며. 다른 도시에서 쾌적한 환경과 함께 더 넓은 집에 사는 게 좋지 않겠냐며. 수도 없이 되묻는다. 하지만 결국 답은 내리지 못한 채 물음을 끝내고 만다. 답을 내리지 못하는 것인지. 답을 내리지 않는 것인지는 모르겠다. 오늘의 나는 여전히 서울 한복판에 서 있다.

 그럼에도 서울에 사는 이유는 뭘까?

- 하나만 빼고 다 있는 서울

 서울엔 없는 게 없다. 딱 하나. 바다만 빼고. 정말 바다만 빼고 없는 게 없는 곳이 서울이다. 너무 빈틈이 없어서 조금 버겁게 다가오는 것인지는 모르겠지만. 서울살이를 꿈꿨을 때는 그 완전함과 완벽함에 끌렸었다. 해외 유명 브랜드나 프랜차이즈 레스토랑이 처음 오픈하는 곳은 항상 서울이다. 유명 작가의 전시회. 해외 유명 박물관의 국내 특별전. 소위 특별하고 힙한 것들의 시작은 항상 서울이다. 서울에서 사는 곳이 어디가 되었든 지하철 한 번이면 그 모든 것들을 쉽게 접하고 즐길 수 있다. 어쩌면 이런 이유가 나뿐만 아니라 많은 사람들이 서울에 사는 이유가 아닐까.

 나는 바다를 제일 좋아한다.

- 다시는 돌아오지 못할 거라는 불안함

 살찌기는 쉬워도 빼기는 어렵듯. 서울에 와 사는 건 쉬워도(쉽지 않다) 서울을 떠나는 건 쉽지 않다. (더 쉽지 않다) 지금 서울을 떠나면 이번 생에 서울에 다시 정착해 살 일은 없지 않을까. 힘들게 다시 지방으로 내려갔는데 또다시 서울에 올라올 이유를 만들 수 있을까. 그런 생각을 한다. 한번 발을 빼면 다시 들이지 못할 것 같은 그런 불안함. 그러다 도태되는 건 아닐까 하는 공포. 갖가지 부정적인 생각들이 가득해 선뜻 결정하고 행동하지 못한다.

 나도 알고 있다. 서울이 답이라는 생각만 버리면 이런 고민은 시간만 아까운 고민이 된다는 걸. 하지만 원래 알면서도 외면하는 게 사람이다. 어떤 일이든 직면은 어렵다. 쿨하게 외면하기엔 서울, 꽤 매력 있다.

 사랑은~ 은하수 다방 문 앞에서 만나~ 홍차와 냉커피

를 마시며~ 매일 똑같은 노래를 듣다가 온다네~ (중략) 그대 없는~ 홍대~ 상수동~ 신촌 이대 이태원~ 걸어 다닐 수도 없지~

 '사랑은 은하수 다방에서' by 10CM

 때론 조금 차갑고~ 조금 복잡해도~ 우리가 있는 서울, 서울이 나는 좋아~ 우예 정신없이 오고, 가는~ 사람들~ 오다가도 마주, 치는 인연들~ 다신 오지 않을 오~늘~의 밤

 '서울 밤' by 어반자카파(feat. 빈지노)

 사랑도 홍대, 상수동, 신촌, 이대, 이태원에서 해야 할 것만 같고, 때론 조금 차갑고 복잡하더라도 다신 오지 않을 서울의 밤을 즐겨야 할 것만 같은 오늘이다.

- 결국엔 사람

  아무리 생각해 봐도 가장 큰 이유는 사람이다. 성인이 된 이후 줄곧 서울에 살아온 터라 서울에서 만나 인연이 된 사람들이 대부분이다. 그들을 떠나 새로운 곳에서 사는 게 겁이 난다. 물론 요즘엔 몇 시간이면 어디든 쉽게 갈 수 있다 하지만, 그래도 서울 안에서 만나는 것과 서울 밖에서 만나는 건 천지 차이다. 같은 시간이더라도 이천 원 조금 안 되는 돈으로 대중교통을 이용해 만나는 것과 작게는 몇만 원, 크게는 몇십만 원씩 내가며 기차나 버스를 타고 가서 만나는 것은 정말 큰 차이다.

  서울에 있다고 해서 매일같이 사람들을 만나는 건 아니다. 사람 만나길 좋아하지만, 동시에 사람 만나길 싫어하는 나는 얼핏 보면 외향형인 것 같지만 많은 사람들과 함께 어울리는 자리는 그다지 편하지 않다. 단체 모임보다는 소수의 친한 사람들끼리 삼삼오오 모여

도란도란 이야기 나누는 걸 좋아한다. 그러다 보니 자연스레 거창한 약속을 잡고 갖춰진 장소에서 다 같이 만나는 것보단, '내일 보실?'하고 전날에 카톡해 만나 간단히 맥주 한잔하며 이야기하는 일이 잦다.

서울을 떠나면 이런 소소한 만남을 못 하지 않을까 은근히 두렵다. 물론 새로운 곳에서 새로운 사람을 만나, 새로운 인연을 만들어 가면 된다. 그럼 서울에서처럼, 어쩌면 서울에서보다 더 끈끈한 사이가 될지 모른다. 그런 경험이 없는 것도 아니면서 왜 망설이는 걸까. 나이가 들고 여러 사람을 겪다 보니 늘어나는 건 겁뿐이다.

- 당신에게 서울은 어떤 곳인가

 서울을 주제로 글을 써야겠다 결심하기 한참 전부터 나에게 서울은 그 자체로 흥미로운 이야깃거리이자, 큰 고민 덩어리였다. 지금으로부터 이 년 전. 인스타그램 스토리로 '당신에게 서울은 어떤 곳인가요?'라는 '무엇이든 물어보세요(a.k.a.무물)'를 한 적이 있다. 사실 물어보는 건 나였고 얻고 싶은 건 그들의 답이었지만 먼저 물어보는 건 내 쪽에서 해야만 하는 일이었다. 답은 꽤 다채로웠다. 서울에 사는 사람과 서울에 살지 않는 사람으로 구분해서 답을 나눠볼까 했지만, 그렇게 하기엔 각자 서울에 대해 느끼는 바가 많이 달랐다. 쉽게 말해 사바사였다.

 당신에게 서울은 어떤 곳인가요?

 기회
다채로운 곳! 홍대, 이태원, 강남, 한남동, 후암동. 하

나하나 다 느낌이 다르고 멋진 도시

10대 때는 로망으로 가득했고, 20대 때는 잊지 못할 추억으로 가득한 곳. 희로애락이 녹아있는 도시...!

놀이터

태어나고 자란 고향이자 집

Home. 잘 아는 것 같지만, 모르는 곳. 벗어나고 싶지만 벗어나면 개고생인 곳

전 거주지

지겹고 로그아웃하고 싶은 도시

놀이공원!! 없는 게 없고 뭔가 지방 사람에게 환상의 그곳?

바쁜 곳이여

익숙한 듯 익숙하지 않은 곳이여!

직장으로는 가까운데 약속 장소로는 드럽게 먼 곳

고향을 고향답게 만드는 곳

Republic of Korea의 수도

상암월드컵경기장

기회의 땅이면서 지옥의 땅

찰진 욕은 차마 적을 수 없어 조금 걸렀다. 물음에 맞는 답을 해줘야지 친구들아.

누군가에겐 기회이고, 누군가에겐 놀이터. 또 누군가에겐 환상의 그곳이지만, 다른 누군가에겐 로그아웃하고 싶은 도시. 아마 백 명에게 물어보면 백 가지의 답이 돌아올 것이다. 가장 마음에 와닿는 답은 '고향을 고향답게 만드는 곳'이다. 서울에서 나고 자란 사람은 조금 다를 수 있지만, 나와 같이 서울 이외의 지역이 고향인 사람에겐 퍽 와닿지 않을까. 고향을 고향답다 느끼려면, 고향을 벗어나야 한다. 고향에서 한평생 산 사람은 그곳의 익숙함에 무뎌지게 된다. 고향이 얼마나 푸근하고 정 많은 곳인지 망각하고 만다. 해외에 나가면 애국자가 된다는 말이 괜히 나온 게 아니다.

좋다가도 싫다. 싫다가도 좋다. 좋은 순간과 싫은 순간 중 어느 순간이 더 많은 부분을 차지하는지는 모르겠다. 무작정 집을 나서 한강에 가고 종로를 거닐 수 있을 때는 한없이 좋다가도, 출퇴근 시간 지하철에 끼어

옴짝달싹하지 못할 때는 지겹도록 싫다. 차를 타고 강변북로를 따라 쭉 달리면 속이 다 시원하다가도, 금세 막혀버리는 차들 속에서 화가 치밀어 오른다. 밤이 되면 낙산공원에 올라가 사방을 둘러싸고 있는 높은 빌딩과 아파트를 배경으로 사진을 찍고 신나 하다가도, 이 많은 집을 뒤로하고 왜 나는 반지하로 내려가야 하나 생각하면 또 우울해진다.

    서울. 참 쉽지 않다. 그래서 포기할까 싶다가도. 그래도 조금 더 버텨볼까 싶다. 서울에 있다고 승리한 것도. 서울을 떠난다고 패배한 것도 아니다. 중심에 있다고 내가 중심이 되는 게 아닌 것처럼. 나는 오늘도 나만의 중심을 찾아 서울을 향해 중이다.

    이제 당신에게 묻고 싶다.
    당신에게 서울은 어떤 곳인가.
    서울은 당신에게 어떤 의미인가.

    혹시, 당신도 서울에 중독되었나.

나오며

　애증. 사랑과 미움을 아울러 이르는 말. 나에게 서울은 애증의 도시다. 먼발치에서 바라보며 동경했고 사랑했다. 서울 사람이 되고 싶었다. 어딘가 세련된 느낌이랄까. 지방 축제에 가면 으레 먼저 건네는 "서울에서 오셨어요?" 하는 말을 나도 듣고 싶었다. 서울 사람이 되고 싶었다는 마음에 논리적인 이유는 없다. 그냥 되고 싶었다.

　나름 서울 사람이 되었다. 이곳에서 태어나 자란 것은 아니지만, 성인이 되고 난 후부터 쭉 살아왔으니 뭐 이 정도면 '나름 서울 사람'이 되었다고 할 만하지 않을까. 어렸을 적 동경하던 서울 사람에는 미치지 못하겠지만, 어느 정도 비슷해졌다. 되고 싶었고, 부러워했던 서울 사람이 된 지금. 오늘의 나는 어떤 모습일까.

　행복한 모습일까. 불행한 모습일까. 이도 저도 아닌

모습일까. 끝내 나의 모습을 직면하기 두려워진다. 혹시 행복하다면 이 행복이 끝날까 두렵다. 혹시 불행하다면 과거의 나를 원망할까 두렵다. 이도 저도 아니라면 그간의 시간을 모두 부정할까 두렵다.

그래도 직면한다. 흘깃 본다고 해서 보이지 않는 것도 아니고. 외면한다고 해서 계속 외면할 수 있는 것도 아니니까. 서울에서 쌓아온 나의 기억을 찬찬히 돌아본다. 그리고 기억 속에 자리한 사람들의 얼굴을 살핀다. 나를 떠나간 사람. 내가 떠난 사람. 나를 사랑한 사람. 내가 사랑한 사람. 희미해진 기억 속에 도리어 그들의 얼굴은 또렷하다.

한때 원망했고 싫어했던 과거의 나를 부정하지 않는다. 아마 그때는 그게 최선이었겠지. 잘해보려 발버둥 치다 그렇게 된 거겠지. 그렇게 과거의 나를 온전히 이해해 보려 한다. 애증의 서울에서 만난 사랑하는 사람들과 미워하는 사람들. 그곳에서 그들과 함께 만들어 온 시간. 켜켜이 쌓인 기억을 곱씹는다. 앞으로 혼자, 또 함께 만들어 갈 새로운 내일을 고대한다. 매 순간 기쁘고 매일 행복하진 않을 걸 알지만. 그럼에도 꿈꾼다.

나의 꿈에 당신이 함께하길 바란다. 당신이 함께한다면, 나에게 서울은 더 이상 애증의 도시가 아닐지 모른다.

그런 날이 오길 바라고 또 바란다.

어디에 있든 당신의 오늘이 평안하길. 당신이 발 디디고 있는 그곳에서 안온한 내일이 펼쳐지길 바라고 또 바란다.

Epilogue

<서울 중독>을 쓰고 만들 때만 하더라도 서울에서 아침을 맞이하고 서울에서 밤을 보냈습니다. 매일 같은 것 같지만, 매일 다른 일상을 서울에서 차곡차곡 쌓았습니다. 하지만 이방인에게 서울의 아침과 밤은 끝없이 허락되는 것은 아닙니다. 몸을 뉘어 쉬는 곳의 계약 기간이 끝나면 선택지는 두 개로 나뉩니다. 새로운 집을 찾거나 서울을 떠나거나. 언제나 전자의 선택지를 택했던 저는 얼마 전 후자를 택했습니다. 어쩌면 선택권이 없었는지도 모릅니다. 수유동 반지하 원룸을 마지막으로 십 년이 넘는 시간 동안 살았던 서울을 결국 떠났습니다.

많은 사람을 만났고 많은 사람과 헤어졌습니다. 많이 웃었고 많이 울었습니다. 서울을 떠나면 속이 후련할 것만 같았습니다. 북적대는 사람들 틈바구니에 끼어 하루를 보낼 일도, 소란스러운 소리와 형형색색의

색으로 뒤덮인 세상에서 이리저리 치일 일도 없을 것만 같았습니다. 평범하고 편안한 고향에서의 삶을 기대했습니다. 고향에서 보낸 지난 몇 달은 서울에서의 삶과는 전혀 다릅니다. 편안한 집과 맛있는 밥이 있고, 조용한 동네와 그곳에 함께하는 고향 친구가 있습니다. 몸은 통통해지고, 마음은 여유로워집니다. 어쩌면 이제야 꼭 맞는 옷과 신발을 찾은 것일지도 모릅니다.

그런데 자꾸만 서울을 바라봅니다. 텔레비전에서 서울만 나와도 혹시 내가 자주 가던 곳은 아닌지 살피게 됩니다. 친구들이 서울에서 만날 때마다 함께할 수 없는 오늘이 야속하기만 합니다. 분명 모든 게 더 나아졌는데, 모든 게 불편하기만 했던 서울에서의 어제를 돌아봅니다. 서울을 떠나보니 알겠습니다. '혹시'가 아니었습니다. '역시'가 맞았습니다. 역시, 저는 서울에 중독되었습니다. 끊으려 해도 끊을 수가 없습니다. 자꾸만 고개가 돌아갑니다. 서울에서의 삶과 사람을 바라봅니다.

바라만 보다 끝날지 모를 서울 순애보는 오늘도 이어집니다. 도대체 서울이 무엇이길래 포기가 안 되는 걸까요. 모든 게 비싸고 어디든 시끄럽기만 한 서울을 왜 떠날 수 없는 걸까요. 몸은 서울을 떠났지만, 마음은 아직 서울에 있나 봅니다. 몸이 이길지 마음이 이길지는 모르겠습니다. 내일의 저는 어디에서 아침을 맞이할까요.

다시, 서울일까요?

작가소개
-

용진

서울에서 나고, 강원도에서 자랐습니다. 『일희희일비비』와 『아직 오이는 먹지 않아요』 등을 쓰고 만들었습니다. 오늘도 세상을 항해 중이고요.

다음 도착지는 어디일까요?

청춘문고 033
서울중독

2025년 6월 20일 1판 1쇄 발행

지 은 이 용진
발 행 인 이상영
편 집 장 서상민
책임편집 이상영
교정·교열 신희정
디 자 인 서상민
마 케 팅 최승은
펴 낸 곳 디자인이음
등 록 일 2009년 2월 4일:제300-2009-10호
주　　소 서울시 종로구 자하문로24길 24
전　　화 02-723-2556
메　　일 designeum11@gmail.com
blog.naver.com/designeum
instagram.com/design_eum

*잘못된 책은 바꾸어 드립니다.